LE GÉNÉRAL
GUILLEMINOT

ESQUISSE HISTORIQUE

PAR

HIPPOLYTE BIS.

SECRÉTAIRE DE LA SOCIÉTÉ DU DÉPARTEMENT DU NORD.

SÉANCE DU 28 AVRIL 1841.

Présidence de M. Martin (du Nord).

PARIS

IMPRIMERIE DE E. DUVERGER,

RUE DE VERNEUIL, N. 4.

1842.

91

LE GÉNÉRAL

GUILLEMINOT

ESQUISSE HISTORIQUE,

Par HIPPOLYTE BIS,

SECRÉTAIRE
DE LA SOCIÉTÉ DU DÉPARTEMENT DU NORD.

Séance du 28 avril 1841.
PRÉSIDENCE DE M. MARTIN (DU NORD).

PARIS

IMPRIMERIE DE E. DUVERGER,
RUE DE VERNEUIL, N° 4.

Mai 1842

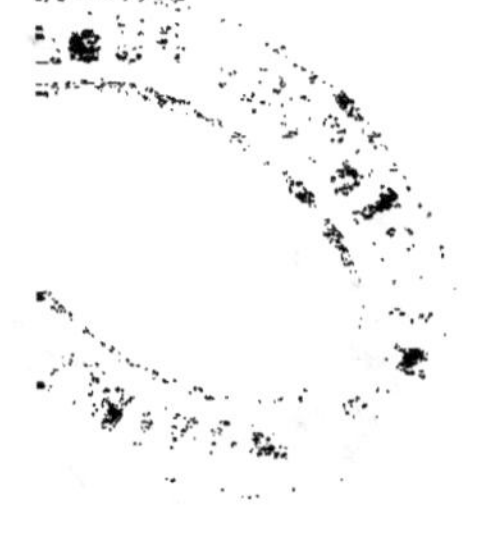

LE

GÉNÉRAL GUILLEMINOT.

« Les peuples oublient facilement les services
« qu'on leur a rendus. »
(GUILLEMINOT, *Chambre des Pairs, séance
du 6 juin 1833.*)

MESSIEURS,

Vous voulez que je vous entretienne de Charles-Amand Guilleminot, de cet homme à jamais regrettable pour son pays natal, et plus encore pour nous, dont il fut le collègue et l'ami. Ce n'est pas une histoire, ce n'est pas un éloge, ce n'est pas même une notice nécrologique que vous attendez de moi : pour la moindre de ces œuvres, il faudrait dérouler à vos yeux un demi-siècle de combats, de négociations, de triomphes, ou de revers toujours entés sur de la gloire, tant la vie de notre compatriote se rattache, se lie aux grands événements qui se pressent dans les cinquante années les plus mémorables qu'ait éclairées le soleil des Deux-Mondes.

Forcé de ne saisir que de fugitifs points de vue dans un si vaste tableau, j'essaierai de rappeler du moins comment celui qui nous manque, celui dont la place restera vide parmi nous, fut jugé, apprécié par des gouvernements bien divers ; comment il fut choisi

si souvent, entre ses pairs, par vingt chefs d'é-
lite, lorsqu'il s'agissait de les seconder dans les plus
difficiles, dans les plus rudes entreprises; comment
tour à tour, ou tout à la fois, guerrier, administrateur, écrivain, négociateur, il répondit à de si nom-
breux et de si différents appels, à ces témoignages
de la plus haute confiance; comment enfin il put
suffire à tant de travaux, à tant de devoirs et de dé
vouement, grâce à la triple fermeté du bras, de la
tête et du cœur, fermeté à toute épreuve, que re-
trempait incessamment l'amour de la patrie.

Né à Dunkerque en 1774, Guilleminot entend les
cris d'indépendance que, non loin de lui, poussaient,
avant le temps, les Belges impatients du joug autri-
chien. Quoique enfant encore, et avant le temps aussi,
jaloux d'indépendance et de liberté, il brise les
liens du collége et va chez nos voisins partager
leurs périls, et bientôt leur défaite. Rentré en France,
il y retrouve les brandons de guerre intestine qu'il
venait de voir éteindre dans le sang brabançon. C'est
au milieu de sa ville même, c'est sur la place publique
que ses concitoyens et les troupes de la garnison
étaient sur le point de s'entre-égorger. Des deux côtés
il y a des Français, des frères, et pourtant des armes
de toute espèce, des canons même sont prêts à rendre leurs terribles offices. Guilleminot, saintement
inspiré, se jette en travers; il harangue, il conjure,
il réconcilie : l'anarchie est domptée; et, en récom-
pense de sa première victoire, le peuple nomme par
acclamation officier d'artillerie de la garde nationale,
l'apôtre de l'ordre et de la liberté. Quel était donc l'âge

5

de ce chef improvisé? un peu plus de quinze ans.

Il en comptait dix-huit à peine, lorsqu'à la suite d'un combat d'avant-garde, d'un succès remporté sur les Autrichiens et les émigrés réunis, on l'amenait à Lille, grièvement blessé. De sous-lieutenant au deuxième bataillon des volontaires du Nord, il avait passé, avec le même grade, dans le régiment d'Auxerrois. Son habit blanc frappe les regards d'une populace égarée qui, au massacre récent encore du général Dillon et des prisonniers de guerre qui l'accompagnaient, s'était faite au goût du sang; elle croit découvrir dans le jeune Français un des transfuges qu'il avait bravement combattus : on le menace, on l'entoure, on le saisit; il périssait, alors que de cette foule, la Providence fait surgir inopinément un des témoins[1] de son triomphe pacifique dans sa ville natale : ce civique héroïsme, on le révèle, on le proclame à tous, et le récit de ce qui était advenu sur la place de Dunkerque, en détrompant la tourbe abusée, lui sauve la vie sur la place de Lille. « Étrange destinée! » répétait-il parfois, quand ses souvenirs si pleins de magie évoquaient le passé, « me voyez vous « mourant, percé de deux coups de baïonnette reçus « comme républicain, et quelques heures après sur « le point d'être achevé comme royaliste! »

Quand Dumouriez déroba sa tête aux gouvernants du jour qui se plaisaient, comme le fit bientôt connaître le destin de Custine et de Houchard, à punir avec une horrible uniformité les défaites et les victoires.

---

(1) M. le général Thiébault, déjà capitaine à cette époque.

Guilleminot eut l'honneur d'être arrêté. Il s'échappe de la citadelle de Lille, de même qu'il avait fait naguère du collége, se cache dans l'état-major de Pichegru, et se venge d'absurdes persécutions en aidant de tout son patriotisme à la victoire de Tourcoing, puis à la presque fabuleuse conquête de la Hollande.

Appelé de l'armée de Sambre-et-Meuse à l'état-major de l'armée du Rhin, il doit le grade de capitaine à ses services éprouvés. Bientôt Moreau le distingue et lui confie la direction du bureau topographique. Dans cette position, il se livre sérieusement aux études spéciales qui lui méritèrent une place à part, au milieu de tant de généraux justement célèbres.

Sa reconnaissance pour son nouveau chef[1] data de cette époque, et son admiration, de la bataille de Novi, du moment où, accouru au secours de Joubert blessé mortellement, de Joubert à qui il avait dû céder le commandement en chef de l'armée par ordre du Directoire, Moreau ramena à l'ennemi, par sa seule présence, plusieurs divisions qui se retiraient en désordre. Guilleminot, trente ans plus tard, tressaillait encore de l'effet électrique de cette apparition, et il communiquait à tous, tant elle était restée puissante en lui, l'impression qu'il reçut des soldats ainsi spontanément ralliés : à travers ses paroles, on les revoyait, on les entendait, avant de courir à la mort, brandissant leurs armes et couvrant le bruit de la mitraille d'une acclamation immense, salut le

(1) « *Qui depuis... Mais alors il était vertueux* »

plus héroïque qu'il soit donné à un général d'obtenir au milieu d'une défaite que les Austro-Russes n'achevèrent d'ailleurs qu'au prix de dix-neuf mille hommes hors de combat, et dont plus de moitié sans retour.

Que d'autres racontent ce que fit le jeune Dunkerquois sous un tel guide, dans ces luttes de géants soutenues en Italie, en Allemagne, contre le prince Charles et contre Suwarow; il me suffira de rappeler, non pas que le Directoire nomma Guilleminot chef de bataillon, mais bien que Moreau fut content de lui, comme le témoigna hautement le titre d'aide-de-camp qu'il lui fit conférer, reconnaissant déjà sans doute qu'il était bon de l'avoir à ses côtés aux jours des batailles comme aux heures du conseil.

Voici donc l'ancien captif de la citadelle de Lille, marchant sous l'égide d'un des plus grands capitaines modernes; et quand il se flatte de largement glaner dans sa vaste et inépuisable moisson de gloire, retour étrange de fortune! le vainqueur de Hohenlinden qui, en vingt-cinq jours, était allé frapper de sa triomphante épée presque aux portes de Vienne, est captif à son tour, puis banni du sol français. L'aide-de-camp qui avait pieusement partagé sa prison est relégué à Mortagne (Nord), et semble condamné à toute une vie de repos; mais le premier Consul sait trop bien apprécier les hommes pour ratifier un tel jugement. Devenu empereur, et méditant déjà ses immortelles campagnes d'outre-Rhin, il se souvient de l'élève de Moreau; il l'attache au grand état-major du prince de Neufchatel, et c'est à son habileté qu'il confie de délicates missions, des reconnaissances importantes qui durent singulièrement aplanir la route de Paris à Tilsitt. En effet, sans la mémoire d'un grand service rendu, comment expliquer le choix de Napoléon qui, au sortir du célèbre radeau, transforme tout à coup le colonel d'état-major en plénipotentiaire, et l'envoie au camp du grand-visir, sous les murs d'Andrinople, négocier un armistice entre l'armée ottomane et l'armée russe? Ce ne fut point une tâche bien difficile sans doute pour le représentant de l'empereur des Français, d'éteindre les foudres que ce monarque avait lui-même allumées; toutefois la mission n'en était pas moins honorable. Puis, ne ressemblait-elle point quelque peu à celle qu'il s'était donnée lui-même sur la place publique de Dunkerque? seulement l'extrême différence entre un si petit et un si grand théâtre, entre une si petite et une si grande lutte, dut apprendre au héraut d'armes combien de chemin il avait fait, et lui révéler peut-être encore combien il lui en restait à faire.

L'Empereur nomme, en 1808, l'adjudant général Guilleminot chef d'état-major de Bessières. Ce maréchal, comme pour mieux constater la prise de possession de la province dont il était gouverneur, venait d'asseoir ses quartiers à Burgos, lorsque l'insurrection éclate spontanément de toutes parts. Au signal de l'évêque de Santander, vénéré à l'égal des saints, et d'un tailleur de pierre, connu par ses brigandages, les populations se lèvent, pillent les armes entassées dans les manufactures de Palencia et de Ségovie, et forment un cercle menaçant tout autour des

Français. Bessières ne dispose que de treize mille hommes; la plupart sont des conscrits levés pendant l'hiver de 1807, instruits à la hâte et à peine vêtus; il est contraint de diviser en quatre ou cinq corps ce simulacre d'armée : les Espagnols n'en sont pas moins battus à Logrono, à Torquemada, à Ségovie, à Cabeçon, où le général Cuesta et des troupes régulières éprouvent une défaite proportionnée à la résistance. Enfin les Français, qui s'étaient ébranlés aux premiers jours de juin, entraient, dès le 22 du même mois, triomphalement dans Santander : au bruit de leurs pas, l'évêque avait disparu, et les autorités de cette ville, comme celles de Ségovie, de Valladolid, de Palencia, étaient amenées à prêter de nouveaux serments de fidélité à Joseph, roi d'Espagne et des Indes, et à faire chanter des *Te Deum*.

Vaines paroles presque aussitôt dominées, étouffées par l'anathème des prêtres, par l'or anglais et l'orgueil castillan! Cuesta rassemble une véritable armée. Vingt-cinq mille soldats bien équipés, pourvus d'une artillerie considérable, et autour desquels se groupent presque autant de paysans armés, sont retranchés à Manzanal, dans une position inexpugnable. Le capitaine général de la Galice, Filanghieri, qui partage le commandement avec Cuesta, après l'avoir si bien secondé dans ses mesures défensives, est massacré par ses propres soldats, parce qu'il refuse de quitter les montagnes, où leur force était décuplée; il meurt parce qu'il ne les mène pas droit aux Français. Blake, successeur de Filanghieri, peu jaloux d'un semblable martyre, se joint à Cuesta et descend avec lui dans les plaines de Léon. Joseph, quoique près des frontières de France, s'entoure des corps à sa portée, attendant que le choc qui se prépare, entre treize mille Français et quarante mille ennemis, décide du sort de l'Espagne, de celui du Portugal et de son incertaine couronne.

Le 14 juillet, Bessières et son chef d'état-major, qui avaient réuni les colonnes dispersées, se trouvent en face de Blake et de Cuesta. Les généraux Merle, Mouton, Lassalle, Colbert commencent l'attaque ; l'action devient générale : les gardes wallonnes et plusieurs régiments de ligne passent de la plus vigoureuse résistance à l'offensive ; ils enlèvent passagèrement quelques pièces d'artillerie ; mais après six heures de rude mêlée, Cuesta et Blake, fugitifs, laissent derrière eux, et ces mêmes pièces vaillamment reconquises et dix autres des leurs, et beaucoup de bagages et beaucoup de munitions, et douze cents prisonniers et cinq à six mille cadavres.

Telle fut la journée de Medina de Rio-Seco. Ce triomphe complet était d'autant plus glorieux pour Bessières que, sortant de la cavalerie, il commandait en chef pour la première fois dans une bataille, ainsi que l'a fait remarquer le général Foy en traitant des guerres de la Péninsule. On prétend qu'on ne mit point à profit cette victoire, que suivit d'ailleurs de si près le désastre de Baylen. Quoi qu'il en ait été, le maréchal qui reportait loyalement sur son chef d'état-major une partie de l'honneur de la journée, le dépêcha vers l'Empereur pour lui en rendre compte. Napoléon écoute, avec une

attention soucieuse et pleine de surprise, Guilleminot, qui lui dépeint une Espagne toute autre
qu'il se l'était imaginée jusqu'alors ; il le rappelle
plusieurs fois pour l'entendre de nouveau, et il ré-
compense le courageux fait d'armes et la vérité plus
courageuse peut-être [1], par le grade de général
de brigade et le titre de baron. La croix d'officier de
la Légion-d'Honneur vient également s'unir au Croissant qu'avait valu précédemment la pacifique mission d'Andrinople à celui qui partait pour l'armée
de Catalogne, où, sous Macdonald, son infatigable
activité et ses talents stratégiques trouvèrent à se si-
gnaler encore. A un an et demi d'intervalle, il s'é-
loignait une seconde fois de cette Espagne toujours
vaincue, toujours à vaincre, et de plus en plus in-
domptée après chaque défaite ; il la quitte sans se
douter qu'un jour son cheval de combat l'emporte-
rait triomphant, et presque d'un seul bond , du haut
des Pyrénées aux portes de Cadix. L'Empereur, après
avoir pourvu aux besoins sans cesse renaissants que
nécessitait une interminable lutte, garde près de lui
l'envoyé du duc de Tarente. C'est employé à son
quartier-général, c'est attaché à sa personne, que
Guilleminot commence la campagne de Russie. Un
avantage obtenu par Gouvion Saint-Cyr sur la Dwina,
le 18 août, change les résolutions suprêmes: Le 22,
les Français, qui croyaient passer l'hiver à Smolensk,

(1) « *Comment cela-finira-t-il? j'ai peur de dire la vérité*
« *à l'Empereur.* » (Lettre de Murat, roi de Naples, au général
Belliard, datée de Viskovo, le 10 octobre 1812.)

se mettent en recherche de Moscou; et ce fut à cette heure solennelle où, de la direction bonne ou mauvaise des huit armées, marchant sous le drapeau tricolore, l'Europe entière attendait ses destinées, que l'ancien aide-de-camp de Moreau devint le chef d'état-major du fils adoptif de Napoléon.

A la bataille de la Moscowa, à l'instant décisif, tandis que, sous des torrents de feux, la grande redoute russe engloutit Caulaincourt et ses cuirassiers, qui la forcent à revers, Guilleminot l'attaque de front, en escalade, un des premiers, le foudroyant parapet, et sait en rendre l'accès possible aux baïonnettes qui le suivaient. Un des premiers aussi, son nom brille au Moniteur impérial parmi les noms qu'immortalisa cette journée, dont soixante-dix mille hommes, hélas! vainqueurs ou vaincus, ne virent pas la fin. On entre dans la ville sainte, dans cette oasis de marbre et d'or, tant de fois rêvée du milieu des steppes et des déserts; là arrivaient avec Guilleminot plusieurs enfants du Nord qui me prêtent l'oreille, les généraux Corbineau, d'Henin, Fernig; d'autres qui ne peuvent plus m'entendre! Les généraux Durutte, Warenghien, etc., noble phalange toute concitoyenne que, par droit de gloire, guidait notre illustre et ancien président, le maréchal duc de Trévise. On croit la campagne achevée, la Russie réduite à merci, et un mois après nos aigles reprenaient tristement le chemin de la France!...

Dès les premiers pas en arrière, à Malo-Jaroslavetz, le corps d'armée du prince Eugène, composé de dix-huit mille Français et Italiens, se trouve aux prises

avec Kutusoff, qui pousse devant lui plus de quatre-
vingt mille hommes bien approvisionnés, bien vêtus,
puissants d'espoir et de ressentiments. A l'avantage
du nombre, les Russes veulent joindre celui de la position. Ils s'emparent des hauteurs de la ville, malgré la résistance du général Delsons, bientôt frappé
d'une balle au front; Guilleminot le remplace
comme il avait remplacé Caulaincourt à la Moscowa. La mort de Delsons, l'ennemi nous la paye
aussitôt par la mort du général Dorokoff. Des feux
incessants de mousqueterie et d'artillerie plongent
dans le ravin où nous sommes entassés, et partent
des escarpements de la ville, des collines avoisinant
la rivière d'Ougea, et même de celles qui s'élèvent
derrière nous. On y répond à coups de fusil et de
baïonnettes; la ville est prise et reprise huit fois;
elle disparaît entièrement sous tant de charges déses-
pérées, et Kutusoff nous abandonne des décombres
tout fumants du sang qui les inonde et de l'incendie qui achève de les dévorer. L'éloquent historien
de la campagne de Russie, M. de Ségur, n'a pas
hésité à attribuer à Guilleminot une large part dans
cette victoire disputée si opiniâtrément que quatre
mille Français et sept de leurs généraux y furent
mis hors de combat. Ce n'était pas néanmoins l'a-
cheter à trop haut prix, si, en effet, comme l'étranger
le confesse lui-même, elle ouvrait pour le retour une
route nouvelle, à travers des pays pleins de ferti-
lité. Notre armée eût échappé par là au seul ennemi
qu'elle ne pouvait vaincre, à la faim, à l'inexorable
faim, qui se chargea, à elle seule, d'arracher des

mains du second Charlemagne le sceptre d'Occi-
dent.

Le 16 novembre, elle était loin d'être accomplie,
cette désastreuse retraite; elle atteignait à peine le
tiers de son cours. Napoléon s'arrête, malgré l'im-
minence du péril; le vice-roi, le prince d'Eckmüll
et le duc d'Elchingen, ces trois rivaux de gloire,
sont restés en arrière; et, justement inquiet de leur
sort, il veut les attendre. Sur ces entrefaites, Miloradowitch et vingt mille hommes de troupes fraîches
barraient le passage au prince Eugène, qu'alors suivaient à peine quatre mille hommes épuisés de fa-
tigue et de privations. Ainsi, en vingt-cinq jours,
cette colonne avait laissé plus de trois combattants
sur quatre mourir par le fer ou s'ensevelir tout
vivants dans la neige des chemins. Un parlementaire
russe, le prince Koudatcheff, vient sommer ce qui
reste debout de se rendre, et le combat de Krasnoé
sert d'héroïque réponse. Permettez-moi, Messieurs,
d'interrompre mon rapide récit, de placer sous vos
yeux un des épisodes saisissants de la plus grande
des catastrophes, de recueillir avec respect l'irré-
vocable jugement de l'histoire sur une action qui, à
défaut d'autres, suffirait pour rendre impérissable
la mémoire de Guilleminot.

« Eugène s'efforçait de réunir dans Smolensk ses
troupes dispersées; il les arracha avec peine du pillage
des magasins, et ne réussit à rallier huit mille hommes
que lorsque la journée du 15 fut avancée. Il fallut
qu'il leur promît des vivres, et qu'il leur montrât la
Lithuanie, pour les décider à se remettre en route.

La nuit arrêta ce prince à trois lieues de Smolensk ; déjà la moitié de ses soldats avaient quitté leurs rangs. Le lendemain il continua sa route avec ceux que le froid de la nuit et de la mort n'avait pas fixés autour de leurs bivouacs.

« Le bruit du canon qu'on avait entendu la veille avait cessé ; la colonne royale s'avançait péniblement, ajoutant ses débris à ceux qu'elle rencontrait. A sa tête, le vice-roi et son chef d'état-major, abîmés dans leurs tristes pensées, laissaient leurs chevaux marcher en liberté ; ils se détachèrent insensiblement de leur troupe sans s'apercevoir de leur isolement, car la route était parsemée de traîneurs et d'hommes marchant à volonté, qu'on avait renoncé à maintenir en ordre.

« Ils continuèrent ainsi jusqu'à deux lieues de Krasnoé ; mais alors un mouvement singulier qui se passait devant eux fixa leurs regards distraits. Plusieurs des hommes débandés s'étaient arrêtés subitement. Ceux qui les suivaient, les atteignant, se groupaient avec eux ; d'autres, déjà plus avancés, reculaient sur les premiers ; ils s'attroupaient ; bientôt ce fut une masse. Alors le vice-roi, surpris, regarde autour de lui ; il s'aperçoit qu'il a devancé d'une heure de marche son corps d'armée ; qu'il n'a près de lui qu'environ quinze cents hommes de tous grades, de toutes nations, sans organisation, sans chefs, sans ordre, sans armes prêtes ou propres pour un combat, et qu'il est sommé de se rendre.

« Cette sommation vient d'être repoussée par une exclamation générale d'indignation. Mais le parle-

mentaire russe, qui s'est présenté seul, a insisté :
« Napoléon et sa garde, a-t-il dit, sont battus; vingt
« mille Russes vous environnent; vous n'avez plus
« de salut que dans des conditions honorables, et
« Miloradowitch vous les propose! »

« A ces mots, Guyon, l'un de ces généraux dont
tous les soldats étaient morts ou dispersés, s'est
élancé de la foule, et d'une voix forte s'est écrié :
« Retournez promptement d'où vous venez; allez,
« dites à celui qui vous envoie que, s'il a vingt mille
« hommes, nous en avons quatre-vingt mille! » et
le Russe interdit s'est retiré.

« Un instant avait suffi pour cet événement, et
déjà des collines à gauche de la route jaillissaient des
éclairs et des tourbillons de fumée; une grêle d'obus
et de mitraille balayait le grand chemin, et des têtes
de colonnes menaçantes montraient leurs baïonnettes.

« Le vice-roi eut un moment d'hésitation. Il lui
répugnait de quitter cette malheureuse troupe; mais
enfin, lui laissant son chef d'état-major, il retourna
à ses divisions pour les amener au combat, pour leur
faire dépasser l'obstacle avant qu'il devînt insurmon-
table, ou pour périr; car ce n'était pas avec l'orgueil d'une couronne et de tant de victoires qu'on
pouvait songer à se rendre.

« Cependant Guilleminot appelle à lui les officiers
qui, dans cet attroupement, se trouvent mêlés avec
les soldats. Plusieurs généraux, des colonels, un
grand nombre d'officiers, en sortent et l'entourent;
ils se concertent, et, le proclamant leur chef, ils se

partagent en pelotons, tous ces hommes jusque-là
confondus en une seule masse, et qu'il était impossible de remuer.

« Cette organisation se fit sous un feu violent. Des
officiers supérieurs allèrent se placer fièrement dans
les rangs et redevinrent soldats. Par une autre fierté,
quelques marins de la garde ne voulurent pour chef
qu'un de leurs officiers, tandis que chacun des autres
pelotons était commandé par un général. Jusque-là
ils n'avaient eu que l'Empereur pour colonel ; près
de périr, ils soutenaient leur privilége, que rien ne
leur faisait oublier, et qu'on respecta.

« Tous ces braves gens, ainsi disposés, continuèrent leur marche vers Krasnoé, et déjà ils avaient
dépassé les batteries de Miloradowitch, quand celui-
ci, lançant ses colonnes sur leurs flancs, les serra de
si près qu'il les força de faire volte-face, et de choisir
une position pour se défendre. Il faut le dire pour
l'éternelle gloire de ces guerriers, ces quinze cents
Français et Italiens, un contre dix, et n'ayant pour
eux qu'une contenance décidée et quelques armes en
état de faire feu, tinrent leurs ennemis en respect
pendant une heure.

« Mais le vice-roi et les restes de ses divisions ne
paraissaient pas. Une plus longue résistance devenait
impossible. Les sommations de mettre bas les armes
se multipliaient. Pendant ces courtes suspensions
on entendait le canon gronder au loin devant et der--
rière soi. Ainsi « toute l'armée était attaquée à la
« fois, et de Smolensk à Krasnoé ce n'était qu'une
« bataille ! Si l'on voulait du secours, il n'y en avait

« donc pas à attendre ; il fallait l'aller chercher ; mais
« de quel côté ? Vers Krasnoé cela était impossible ;
« on en était trop loin ; tout portait à croire qu'on
« s'y battait. Il faudrait d'ailleurs se remettre en re-
« traite ; et ces Russes de Miloradowitch, qui de
« leurs rangs criaient de mettre bas les armes, on en
« était trop près pour oser leur tourner le dos. Il
« valait donc bien mieux, puisqu'on regardait Smo-
« lensk, puisque le prince Eugène était de ce côté,
« se serrer en une seule masse, bien lier tous ses
« mouvements, et, marchant tête baissée, rentrer en
« Russie au travers de ces Russes, rejoindre le vice-
« roi, puis, tous ensemble, revenir, renverser Milo-
« radowitch, et gagner enfin Krasnoé. »

« A cette proposition de leur chef, on répondit
par un cri d'assentiment unanime. Aussitôt la colonne serrée en masse se précipita au travers de dix
mille fusils et des canons ennemis ; et d'abord ces Russes, saisis d'étonnement, s'ouvrent et laissent ce petit
nombre de guerriers presque désarmés s'avancer
jusqu'au milieu d'eux ; puis, quand ils comprennent
leur résolution, soit admiration ou pitié, des deux
côtés de la route que bordent les bataillons ennemis,
ils crient aux nôtres de s'arrêter, ils les prient, ils les
conjurent de se rendre ; mais on ne leur répond que
par une marche décidée, un silence farouche et la
pointe des armes. Alors tous les feux russes éclatent
à la fois, à bout portant, et la moitié de la colonne
héroïque tombe blessée ou morte. »

« Le reste continua sans qu'un seul quittât le gros
de sa troupe, qu'aucun Moscovite n'osa approcher.

Peu de ces infortunés revirent le vice-roi et leurs divisions qui s'avançaient ; alors seulement ils se dés-
unirent. Ils coururent pour se jeter dans ces faibles
rangs, qui s'ouvrirent pour les recevoir et les protéger. »

. . . .

En 1813, Guilleminot est nommé général de division. Commandant deux brigades du 12ᵉ corps d'armée, il doit rester immobile au poste qui lui a été assi-
gné ; mais le 7ᵉ corps, par la voix répétée du canon,
réclame du soutien. A cet appel, les ordres de Napoléon sont mis en oubli ; notre intrépide compatriote
vole au secours du général Régnier, si grand à la
bataille d'Héliopolis : il le joint à neuf heures du
soir, et, à la lueur de l'incendie du village de Gross-
Beeren, il fait voir de nouveau, en dégageant ce
corps gravement compromis, quel homme d'action
se trouvait au besoin dans l'homme aux savantes
théories. L'armée entière applaudit à cet élan frater-
nel, et l'Empereur lui-même approuva l'heureuse
désobéissance de son lieutenant.

Guilleminot, au froid courage, se distinguait plus
encore, peut-être, aux temps des revers qu'aux temps
des triomphes ; témoin sa conduite à Yuterbock, à
Dennevitz et à Leipsick. Résistant tous les jours, marchant toutes les nuits, sa division, renommée entre
les plus persévérantes pour l'ordre et pour la dis-
cipline, ne cessa de protéger efficacement la retraite
de l'armée jusqu'au Rhin ; ce fut elle qui, le 28 septembre, à Dessau, formant l'arrière-garde, repoussa

si vaillamment les soldats de Bernadotte ; ce fut elle aussi qui, le 9 novembre, à Hocheim, eut la gloire de soutenir le dernier combat livré sur la rive droite. Le général avait appris sous son premier maître, sous Moreau, comment on pouvait s'illustrer, s'immortaliser même, en reculant. Enfermé dans Cassel, où vient inopinément le trouver le titre de comte, il y reste, sentinelle avancée de la France, luttant contre le typhus qui répandait ses ravages aux alentours, et dont il préserve ses soldats, grâce à ses soins de tous les instants ; il y reste jusqu'à ce que le traité de 1814, le relevant de son poste d'honneur, lui fasse tomber les armes des mains.

L'époque des tempêtes et des naufrages était arrivée pour les plus hautes régions du pouvoir. Guilleminot atteignait alors sa quarantième année. Encore jeune d'âge, mais déjà vieux de services et de blessures, il aurait pu sans doute, faisant une halte, se livrer à quelque repos ; il y inclinait d'autant plus, peut-être, qu'il méritait, à l'égal de tout autre, vous le savez, Messieurs, cette justice par lui décernée à l'un de ses nobles compagnons de guerre [1] : « *L'homme privé n'était pas inférieur en lui à l'homme public ; personne n'était plus fait pour la vie de famille.* » Mais le même panégyrique initie pareillement au secret d'une résolution contraire : « *Il comprit qu'il restait toujours une France à servir.* »

En 1815, il est désigné successivement comme premier aide-de-camp du duc de Berry, qui comptait

____

(1) Éloge funèbre du général Belliard.

diriger une armée contre Napoléon ; puis à Waterloo, comme chef d'état-major de la belle division du prince Jérôme; puis comme chef de l'état-major-général de l'armée qui se rassembla sous les murs de Paris. Ainsi, en quatre mois à peine, les Bourbons de la branche aînée, l'Empereur et le gouvernement provisoire, se rencontraient dans un même choix ; enfin, à la suite de la seconde abdication, délégué par le prince d'Eckmüll en qualité de commissaire, il signe la suspension d'armes du 5 juillet et se retire vers la Loire.

Comment répondit-il à ces témoignages si rapides, si éclatants et si divers de la plus haute confiance ? envers le duc de Berry? en voulant le suivre, mais jusqu'à la frontière : car, où finissait la France finissaient aussi ses devoirs ; envers Napoléon? en n'abandonnant que des derniers, et après d'héroïques efforts, le champ de carnage de Waterloo ; envers le pays, envers l'armée? en consentant, dans la nuit du 2 au 5 juillet, tandis qu'il transmettait les derniers ordres pour la bataille générale, et que des coups de feu y préludaient déjà, à accompagner à Saint-Cloud MM. Bignon et de Bondy, chargés par le gouvernement provisoire de traiter avec les généraux étrangers. Encore ici une mission de paix; mais, hélas ! ce n'est plus de même qu'à Dunkerque, de même qu'à Andrinople, une mission de gloire ! L'escorte de cosaques, aux longues lances, d'où descend une protection, insultante pour qui la reçoit; le droit des gens indignement violé par la séquestration des commissaires, incertains des vœux du peuple et de l'armée, tout ne

confirme que trop les misères de la patrie. Eh bien !
pour savoir quelle attitude garda Guilleminot dans
ces négociations tant douloureuses, écoutons-le !
C'est la Cour des Pairs, appelée à juger le prince de
la Moscowa, qui l'interroge et lui arrache, sous l'empire du serment, l'aveu que le stoïque général de
Krasnoé s'était retrouvé tout entier dans le plénipotentiaire de Saint-Cloud.

« Comme chef de l'état-major de l'armée, je fus
« chargé de stipuler pour la partie militaire de la
« convention du 5 juillet ; je demandai une garantie
« pour toutes les personnes, quelles qu'eussent été
« leurs opinions, leurs fonctions et leur conduite ;
« ce point fut accordé sans aucune contestation ;
« j'avais ordre de rompre immédiatement la négo-
« ciation, si l'on m'eût fait éprouver un refus, et
« l'armée était prête à attaquer. »

Près de Moreau captif, il avait, noble courtisan de
disgrâce, excité jadis la défiance de Napoléon ; peut-
être en fut-il de même sous le pouvoir qui succéda,
pour avoir prouvé au maréchal Ney, captif aussi,
qu'il n'avait pas abjuré le culte du malheur. Toutefois, on ne tarda pas à reconnaître le besoin d'un
tel auxiliaire ; et, en 1817 et en 1818, il s'abouchait
avec les commissaires des puissances alliées pour la
démarcation de nos frontières de l'Est. Cette opé-
ration n'était point terminée qu'il acceptait la direction du dépôt de la guerre, poste auquel l'appelaient
tous les suffrages et où ses études militaires enrichi-
rent la France de travaux précieux.

En 1823, l'expédition d'Espagne fut décidée, et ne tarda point à s'accomplir. Cette entreprise, jugée si diversement, dès son origine, exigeait, pour la conduire à bien, un homme qui unît au plus haut point les talents politiques aux talents militaires. L'inexpérience du prince généralissime rendait, dans le chef véritable, ces conditions de succès plus impérieuses encore; il y avait d'ailleurs double tâche : il s'agissait de conquérir et de pacifier tout à la fois. Personne n'ignore que, grâce aux dispositions de Guilleminot, la course de Baïonne à Cadix ne fut pas hérissée de trop grandes difficultés; mais ce qui n'a pas été si universellement apprécié, ce sont les obstacles de toute espèce que le guerrier diplomate eut à surmonter, obstacles qui existaient bien moins dans les rangs ennemis qu'à Paris, à Madrid, et même dans son propre camp. Quelques citations, empruntées à la correspondance du ministre des affaires étrangères de cette époque, feront pleinement ressortir l'étrange situation du major général de l'armée d'Espagne : c'était peut-être mieux que le Romain célèbre revenant de l'exil pour faire triompher sa patrie; c'était Guilleminot faisant triompher la France, certain d'en être récompensé par une sorte d'exil.

M. de Chateaubriand adressait d'abord au général, le 12 juin 1823, ces lignes fort significatives :

« Vous avez appris, général, qu'on a donné ici un « bâton de maréchal; j'aurais désiré qu'on eût at-« tendu; mais enfin *il y en a d'autres;* et la puissance

« du roi n'est pas plus bornée que les services qu'on
« lui rend. »

Quels services attendait-on du major général
pour le faire maréchal de France? c'est ce que
nous apprennent d'autres dépêches du même ministre des affaires étrangères.

La première est du 25 juin 1823 :

« Si vous pouvez parvenir à jeter des bombes dans
« Cadix, bientôt tout sera à vous; vous n'êtes sans
« doute pas effrayé de cette sotte idée qu'une bombe
« peut atteindre le roi. J'espère qu'il ne lui arrivera
« aucun malheur; mais après tout, il s'agit de la
« royauté; un roi n'est qu'un général en temps de
« guerre, il doit payer de sa personne, et l'on ne
« consent à mourir pour lui qu'à condition qu'il
« saura aussi mourir pour le bien de ses sujets,
« quand il le faut : avec des craintes et des pusillani-
« mités on arrête tout. »

Et plus bas :

«Vous connaissez dans les affaires décisives le prix
« d'un moment perdu. Il faut arriver brusquement
« devant Cadix, avant que ces gens-là aient eu le temps
« de regarder autour d'eux et de se remettre de leur ter-
« reur : tout peut être emporté d'un tour de main si l'on
« va vite, et durer 6 mois si l'on tergiverse. Votre gloire,
« général, et votre avenir sont là, songez-y bien! »

Et il termine ainsi :

« Notre position est entièrement changée en Eu-
« rope, et je suis fier, comme Français, de voir avec

« quelle dignité et quelle considération, la France a
« repris son rang parmi les grandes puissances. Ap-
« plaudissez-vous d'avoir contribué à relever votre
« patrie. »

« Tout à vous,

« *Signé*, CHATEAUBRIAND.

« *P. S.* J'apprends que Bordesoult s'est porté
directement sur Cadix : Dieu soit loué ! »

Dans la lettre du même ministre en date du 31
août, on remarque les deux passages suivants :

« Adoucissez autant que vous le pourrez l'exécu-
« tion de l'ordonnance si généreuse d'Andujar ; mais
« dont nos ennemis ont été au moment de tirer un
« si grand parti contre nous. Nous ne pouvons rien
« faire sans notre union avec la population royaliste,
« toute violente qu'elle est ; c'est un mal à suppor-
« ter. »

« La lettre de Ferdinand est un insigne monu-
« ment de la servitude... On lui fait dire qu'il sera
« exposé ; c'est une ruse employée pour agir sur le
« cœur de monseigneur le duc d'Angoulême. C'est
« un malheur d'être obligé de bombarder Cadix ;
« mais c'est un malheur inévitable : *car si Cadix ne*
« *se rend pas, la monarchie Française est en péril.* Ici
« il n'y a pas à reculer, *il s'agit de notre existence.*
« Ni les difficultés, ni l'hiver, ni les périls ne doi-
« vent nous arrêter. Si nous prenons ou si nous ne
« prenons pas Cadix, nous sommes *la première* ou *la*
« *dernière* puissance de l'Europe. »

Le 5 septembre il écrivait enfin :

« J'appelle votre attention, général, sur ce qui ar-
« riverait dans le cas où l'on abandonnerait Cadix.
« La France, qui se replace dans ce moment au pre-
« mier rang militaire en Europe, retomberait au
« dernier. Le parti jacobin se ranimerait en Espa-
« gne, et reparaîtrait en France. L'Angleterre souf-
« flerait la discorde, se déclarerait peut-être... Les
« conséquences d'un pas rétrograde sont telles, dans
« les affaires d'Espagne, *qu'il y va de la légitimité*
« *et de la couronne des Bourbons.* Qu'on ose se pé-
« nétrer de cette vérité. »

Puis s'efforçant de calmer les vertueuses indigna-
tions de Guilleminot contre le parti absolutiste auquel nous venions en aide, M. de Chateaubriand
s'exprime en ces termes :

« Je vous prie encore, général, tempérez, adou-
« cissez les misères intérieures ; dissimulez l'injure ;
« renfermez au fond de votre cœur le mépris. Son-
« gez que, dans cette affaire d'Espagne, tout est
« adresse, ménagement, habileté. Placés entre deux
« partis violents, qui ne respirent que la vengeance,
« nous ne pouvons ni changer leurs passions, ni
« éclairer leur esprit ; n'armons pas la masse contre
« la masse ; et lorsqu'elle est sanguinaire et insolente,
« remettons après notre succès à lui dire ce que nous
« sentons pour elle. Qu'importe aujourd'hui à la
« gloire de monseigneur et à sa vaillante armée les
« outrages de quelques insensés, les intrigues de
« quelques ambitieux, et les machinations de quel-

« ques ennemis ; délivrons le roi et quittons à jamais
« cette Espagne où nous aurons retrouvé notre indé-
« pendance comme nation, notre gloire comme
« guerriers, et notre sûreté comme société politique :
« monseigneur reviendra avec une haute renommée,
« et tous ceux qui l'auront servi dans cette étonnante
« entreprise, où deux révolutions auront été tuées
« d'un seul coup, trouveront la gloire et la récom-
« pense dues à leur courage et à leurs travaux. »

C'est du port Sainte-Marie que Guilleminot répond à ces cajoleries diplomatiques, appréciées par
lui à leur juste valeur ; l'aveu lui en échappe avec
une franchise toute flamande dans cette dépêche,
qui, suivant sa teneur, devait passer infailliblement
sous les yeux du roi :

« Au nom de Dieu, faites que la régence ait une
« conduite à la fois plus sage et plus ferme !
« Je désire autant que tout autre éviter les suites
« désastreuses que pourrait produire tout relâche-
« ment dans nos efforts contre Cadix ; je ne suis
« nullement effrayé des obstacles à surmonter ; fus-
« sent-ils dix fois plus considérables, nous ne devons
« pas, nous ne pouvons pas, sans nous déshonorer,
« renoncer à notre entreprise. Tout le monde me
« paraît bien d'accord sur ce point, et la présence
« de monseigneur fera que chacun remplira son de-
« voir. Si ce n'est pas dans 15 jours, ce sera dans
« un mois, ce sera dans un an que nous couronne-
« rons notre noble entreprise, *mais ce sera, je crois,*
« *dans peu.*

« Toute la question de l'Espagne est là, comme
« vous le dites, monseigneur, et non dans les scè-
« nes plus ou moins violentes qui se passent dans
« l'intérieur de la Péninsule.

« Je suis aussi le conseil que me donne votre excel-
« lence, de renfermer dans mon cœur tout le mépris,
« tout le ressentiment que doivent m'inspirer certai-
« nes choses. Je sais ce qui se trame en Espagne et
« à Paris même contre moi ; mais j'en détourne
« tout-à-fait ma pensée, pour la fixer entièrement
« sur le grand, sur l'unique objet, la reddition de
« Cadix... Après nous verrons ! »

Après, nous verrons !... Le mot est beau d'indépendance et de noble résolution ; il part d'un homme
sûr de lui, d'un homme qui se suffira, quoique le sort
décide ; et empreint en même temps d'une résigna-
tion patriotique, il décèle un cœur dévoué à sa tâche,
quand même !... Guilleminot ne s'abusait aucunement
dans ses prévisions ni dans ses mépris. Que vit-on, en
effet, alors qu'il eut glorieusement forcé l'imprenable
Cadix à se rendre ? la faction absolutiste se dresser, sur
ce triomphe même, plus haineuse, plus malfaisante
que jamais, non-seulement au-delà, mais encore en-
deçà des Pyrénées. Ce n'était point assez d'avoir es-
sayé de compromettre Guilleminot, dès le début de
la campagne, dans un complot ridicule, on lui impute
à trahison d'avoir voulu la terminer au moyen de
l'ordonnance d'Andujar [1] ? Bien que misérablement

(1) En voici les principales dispositions : Ne dirait-on pas
qu'en les faisant décréter par le prince généralissime, Guille-

avortée, cette tentative de réconciliation du major général entre les hommes de la liberté et les hommes de la monarchie, ses ménagements pour le parti vaincu, sa publique aversion pour les sanglantes réactions du parti vainqueur, le cri de clémence surtout qu'il avait facilement arraché au prince généralissime au sortir de Madrid, dès le premier tête-à-tête sous la tente, tout en lui, pour les conseillers occultes de la branche régnante en France, ne devait-il pas être réputé crime, digne au moins d'un bannissement sans terme ? Et il en advint ainsi, car, où il fut envoyé au retour de la conquête, les ordonnances de Juillet 1850 le retrouvèrent. Cependant, on doit le reconnaître : à l'exemple des victimes destinées aux anciens sacrifices et que l'on couronnait de fleurs tout en les frappant, ce n'est que revêtu de la dignité de pair, du titre d'ambassadeur, et même du grand cordon, qu'est exilé à Constantinople celui qui, d'après choses écrites, venait de

minot pressentait les supplices qui attendaient Riégo, l'Empecinado et tant d'autres martyrs, aujourd'hui devenus presque demi-dieux ?

Article 1er. Les autorités espagnoles ne pourront faire aucune arrestation sans l'autorisation du commandant de nos troupes dans l'arrondissement duquel elles se trouveront.

Art. 2. Les commandants en chef des corps de notre armée feront élargir tous ceux qui ont été arrêtés arbitrairement *et pour des motifs politiques*, notamment les miliciens rentrant chez eux.

Art. 3. Les commandants en chef de notre armée sont autorisés à faire arrêter ceux qui contreviendront au présent ordre.

sauver *la légitimité, la couronne des Bourbons, la monarchie* même, et de démontrer victorieusement si
la France était la *première ou la dernière puissance de
l'Europe!*... M. de Chateaubriand, si remarquable
dans ses reproductions du passé, fut alors, en le re-
grettant sans doute, infidèle à la vérité des tradi-
tions en même temps qu'à ses promesses ; malgré
l'engagement si formel du 12 juin 1825, il laissa
le banni s'acheminer du côté de la Terre-Sainte sans
lui tendre l'appui qu'on lui devait, ne fût-ce que
comme bâton du pèlerin.

Lorsqu'à l'instar du maître, la plupart des am-
bassadeurs français de l'époque comptaient une foule
de leurs nobles aïeux morts en Palestine aux temps
des croisades, voilà le fils d'un marchand quin-
caillier de Dunkerque représentant en Asie la plus
ancienne race royale de la chrétienté! voilà le soldat
volontaire de Vandernoot en Belgique, et de la répu-
blique sous Dumouriez, Pichegru et Moreau, jeté par
un incident de fortune au milieu d'une nation où le
despotisme le plus absolu était dans la religion et
dans les mœurs bien plus encore que dans les
lois ; mais aussi voilà le capitaine de Novi, le colonel d'Austerlitz, le général de Malo-Jaroslavetz
se retrouvant en face de ses vieux adversaires, et,
durant sept années, opposant une digue puissante aux
envahissements de l'ambition moscovite! Un hasard
heureux lui avait rendu dans le grand-visir le per-
sonnage qui traitait avec lui, jadis, à Andrinople ;
et de même que, pendant la plus grande chaleur
de la lutte, Guilleminot, fort de son seul ascen-

dant, parvint à soustraire aux sévices des Grecs tous les Musulmans prisonniers de guerre, de même, grâce à lui, grâce à l'empire qu'il exerçait sur le divan, les chrétiens d'Orient respirèrent enfin! son nom est encore répété avec reconnaissance par les religieux de Péra, de la Terre-Sainte, de la Syrie et de l'Egypte, dont il assura longtemps la tranquillité. Les prières des prêtres latins, grecs et arméniens, ont retenu son nom; l'hospice, le couvent, l'église du Mont-Carmel, se souviendront toujours que ce fut à sa seule voix qu'ils se relevèrent de leurs ruines. On comprend combien furent grands les obstacles pour arracher à un peuple fanatique ces concessions qui étaient à ses yeux autant de sacriléges; mais combien le mérite de ces allégements aux persécutions de la race chrétienne semble plus grand encore quand on se rappelle que ce même ambassadeur dut notifier successivement au Padischah l'émancipation de la Grèce, la bataille de Navarin et la prise d'Alger. A la nouvelle de l'anéantissement de la flotte ottomane, sa situation s'entoura de dangers; comme à Lille en 1795, comme en Espagne en 1808, il pouvait périr à Constantinople dans une émeute; mais là, de même que partout ailleurs, sa conscience pure, sa bonne renommée, sa fermeté d'âme, lui servirent d'égide et conjurèrent tous les périls.

En 1831, Guilleminot est rendu à sa patrie et à la Chambre des Pairs; c'est à la tribune qu'il achève d'assurer le salut des Hellènes, auquel naguère il avait contribué si efficacement, en faisant voter la garantie de l'emprunt grec : il est encore rapporteur de la loi pour l'établissement des paquebots à vapeur, car rien de ce qui pouvait aider l'Orient à se rattacher à la France ne devait désormais lui rester étranger. Il sert encore son pays et sa gloire personnelle en continuant l'Histoire des guerres de la Révolution et ses Mémoires sur Moreau, dont la publication mettrait le sceau à sa réputation comme écrivain.

« Renommé par sa sagesse entre les plus sages, « par sa bravoure entre les plus braves, inspirant « aux populations conquises l'amour et le respect « du nom français ; rehaussant nos triomphes par sa « modération, jetant sur nos revers, par sa constance, « un éclat envié des vainqueurs ; apportant dans ses « relations diplomatiques cette loyauté qui com- « mande la confiance et cette dignité aussi éloignée « de la jactance que de la faiblesse ; doué d'une acti- « vité infatigable dans les travaux du cabinet comme « dans ceux de la guerre, » tel fut Guilleminot, s'é- criera-t-on ; mais c'est lui qui, dans une séance de la Chambre des Pairs, résumait si éloquemment la vie du général Belliard. Pour peindre plus fidèlement son frère d'armes, l'orateur, à son insu, sans nul doute, regardait en lui-même, se reflétait dans un autre, confondait ainsi deux belles gloires en un seul tableau, devançant de huit années le jugement que la postérité prononcerait sur sa tombe, et que, par un rare et beau privilége, lui révélait l'inspi- ration du cœur, dans l'accomplissement du plus saint des devoirs.

A dix-sept ans, lieutenant d'infanterie, il tombait sous les baïonnettes de l'ennemi qu'il s'efforçait alors

de rejeter de notre territoire envahi. A un demi-
siècle de là, le vétéran si éprouvé tombe une dernière fois, quand, investi de nouveau de la confiance
du souverain et commissaire extraordinaire de la
France à Baden, il essayait encore, un compas à la
main, sinon de reculer, du moins de mieux déter-
miner nos frontières. Peu de vies assurément ont été
plus belles, plus pures, mieux remplies; aucune n'a
été plus invariablement dirigée vers un seul but,
l'indépendance du pays.

Guilleminot, même mort, appartenait à la France;
ses restes précieux, quittant la terre étrangère ont
retrouvé leur place à côté des dépouilles de la com-
pagne qui fit trente-cinq ans son bonheur, et dont
l'honorable frère, le général Fernig, siége parmi
nous. Quand le peuple de Paris, circulant çà et là,
croisait, à son passage, ce cercueil chargé d'ar-
moiries, de la couronne de comte, des insignes
de pair et de lieutenant général, du grand-cordon de
la Légion-d'Honneur, des croix de Saint-Louis, du
Saint-Esprit, de Saint-Ferdinand et de Charles III
(d'Espagne), de Saint-Alexandre (de Russie), du
Croissant (de Turquie), du Saint-Sauveur (de Grèce)
et de la fidélité (de Baden), instinctivement ce peuple
s'inclinait, devinant que des reliques, entourées de
tant de palmes d'or, avaient eu leur part dans les
miracles du passé : mais s'il avait connu, comme
nous, cet homme qui, du haut de son renom, ne
s'identifiait pas moins par la conformité d'origine,
de goûts simples et de rudes veilles, avec ses plus
obscurs concitoyens; cet homme, au maintien

gracieux et imposant tout ensemble, aux traits tellement purs[1] qu'ils devaient réfléchir son âme, à la main toujours ouverte pour ceux de ses compagnons de guerre, riches seulement de chevrons et de cicatrices; s'il eût connu cet homme portant un cœur, maintes fois exposé au souffle desséchant des disgrâces, comprimé longtemps par l'étroite réserve qu'imposent les nécessités de la diplomatie, retrempé, durant vingt années, dans l'atmosphère des batailles, et gardant toujours vives, toujours intarissables, pourtant, les sources des tendres affections et des saints épanchements de famille; s'il avait su que sa sœur était tombée morte à l'annonce de cette perte aussi grande pour elle que pour la patrie, comme nous, ce peuple l'eût aimé et admiré et il se fût incliné plus respectueusement encore. Enfin, Messieurs, si d'après un usage antique, on eût proclamé à haute voix le long de la route quel était ce voyageur, parti d'où était parti *Jean-Bart*, et qui, après avoir tracé, de Moscou à Cadix, un lumineux sillon de gloire, revenait des rives du Rhin aux rives de la Seine, pour faire sa dernière halte, et reposer sa tête au seuil de la grande cité; si l'on eût rappelé que, sous la tente, il avait été le digne compagnon de la plupart de nos grands capitaines, et, à l'étranger, le digne représentant du pays sous nos quatre derniers souverains, alors, oh !

(1) Ils ont été heureusement reproduits, après sa mort, par le ciseau dunkerquois de Carle Elshoëct, dans un buste inauguré au lieu des séances, à la suite de la lecture du présent discours.

alors, on eût vu sans doute ce même peuple se mê-
ler aux rangs pressés des amis de Guilleminot, et
donner immédiatement à ses obsèques, par un immense concours, ce qu'elles obtinrent en réalité des
regrets de la France, et plus particulièrement du
département du Nord, l'honneur d'être l'objet d'un
deuil national.

EXTRAIT DU RÈGLEMENT

DE LA

SOCIÉTÉ DU DÉPARTEMENT DU NORD

(DONT LE SIÉGE EST A PARIS).

ARTICLE 1er.

La Société fondée à Paris, le 25 avril 1825, sous le nom de *Réunion des Enfants du Nord,* prend le titre de SOCIÉTÉ DU DÉPARTEMENT DU NORD.

ART. 2.

Le but principal de la Société est de contribuer au développement des Sciences, des Lettres et des Arts, par les travaux de ses membres, par ses relations avec les Académies et les autorités du département du Nord, et par ses encouragements aux jeunes compatriotes dont les succès justifieraient ou appelleraient le patronage du pays natal.

ART. 7.

Pour faire partie de la Société il faut être né dans le département du Nord.

Les titres d'admission peuvent résulter de fonctions publiques, civiles ou militaires, remplies avec distinction ; de succès obtenus dans l'industrie, les sciences, les lettres ou les arts ; et de services importants rendus au département du Nord, soit en contribuant aux progrès des beaux-arts par un patronage éclairé, soit en fondant quelque établissement utile.

ART. 17.

La Société se divise en trois sections, qui comprennent :

La première, les officiers généraux, les fonctionnaires publics dans l'ordre civil ou militaire, et les membres qui ont été admis dans la Société à raison des services qu'ils ont rendus au pays ;

La seconde, les membres qui se sont voués aux diverses branches des sciences ou à leur application à l'industrie ;

La troisième, les littérateurs, peintres, sculpteurs et artistes dans divers genres.

Art. 18.

Chaque section choisit dans son sein les membres chargés de se mettre en relation avec les élèves qui leur sont désignés, de suivre les travaux qu'ils exécutent, et de les aider de leurs conseils et de leur expérience.

Le patronage de la Société s'étendra plus spécialement sur les jeunes gens qui auront obtenu des bourses départementales ou communales, ou qui seront recommandés par l'une des Académies ou des autorités du département du Nord.

Art. 19.

Il sera rendu compte à la Société, aux époques qu'elle déterminera, des travaux et des progrès des jeunes compatriotes qui lui auront été signalés comme dignes de son intérêt.

Art. 23.

Le Secrétaire, dans la réunion du 25 avril, présentera le résumé des travaux annuels de la Société. Ce résumé comprendra l'analyse des rapports de chaque section sur les travaux de ses membres et sur les progrès des élèves ; il mentionnera aussi les productions littéraires, scientifiques ou artistiques qui peuvent honorer le département du Nord.

Art. 25.

Les procès-verbaux des séances, les rapports faits à la Société et les notices nécrologiques concernant ses membres, seront imprimés à ses frais.

Art. 26.

Un exemplaire des pièces imprimées sera distribué à chacun des membres résidants ou correspondants. Il sera aussi transmis un exemplaire à chacune des Académies avec lesquelles la Société se trouvera en rapport.

39

Le présent Règlement, adopté dans la séance du 5 avril 1840, a été signé des membres résidants; savoir : MARTIN (du Nord), ministre de la justice et des cultes, *Président de la Société ;* le Comte DE FERNIG, maréchal-de-camp, *Vice-Président ;* ABEL DE PUJOL, peintre d'histoire, membre de l'Institut, Académie royale des Beaux-Arts, *Vice-Président* ; Hippolyte BIS, auteur dramatique, chef aux contributions indirectes (ministère des finances), *Secrétaire ;* Auguste DELSART, sténographe du roi, l'un des rédacteurs du *Moniteur, Secrétaire-Adjoint-Trésorier ;* Bélanger, ingénieur des ponts et chaussées, professeur de mécanique à l'École des ponts et chaussées et à l'école centrale des Arts et Manufactures ; Boilly père, artiste peintre ; le vicomte de Caux, ancien ministre de la guerre, pair de France, lieutenant général du génie ; le comte Corbineau, pair de France, lieutenant général, commandant la 16me division militaire ; le vicomte Delcambre de Champvert, maréchal-de-camp, inspecteur général d'infanterie ; Victor Dourlen, compositeur, professeur d'harmonie au Conservatoire de musique ; Dubrunfaut, professeur de chimie ; Duponchel, naturaliste, ancien chef au ministère de la guerre ; Carle Elshoëct, statuaire ; le comte d'Haubersart, pair de France ; le vicomte d'Haubersart, conseiller d'état en service ordinaire ; le vicomte d'Hénin, lieutenant général ; Hilaire-Ledru, artiste peintre ; Onésime Leroy, homme de lettres, vice-président de la 2e classe de l'Institut historique ; Maccartan, membre de l'Académie royale de Médecine ; le comte Eugène Merlin, pair de France, lieutenant général, commandant la 18e division militaire ; Porret, graveur sur bois de l'imprimerie royale ; Redouté, peintre de fleurs ; Boniface Saintine, homme de lettres ; le vicomte de Saint-Mars, maréchal-de-camp, secrétaire général de l'ordre royal de la Légion-d'Honneur ; Serrur, peintre d'histoire ; Théodore Virlet, membre de la commission de Morée, ingénieur civil ; Eugène Walckiers, compositeur de musique.

Absents : MM. Henry Berthoud, homme de lettres; Théophile Bra, statuaire; Henri Lemaire, statuaire, exécutant le fronton de l'église Saint-Isaac à Saint-Pétersbourg; Quinart, artiste-peintre ; le baron Taylor, inspecteur général des établissements des beaux-arts, président de l'Institut historique.

Ont été reçus comme membres résidants depuis la révision du règlement : MM. Claude Arnoux, administrateur des messageries générales, inventeur des waggons articulés pour les chemins de fer de toute courbure ; Wallon, agrégé à la Faculté des Lettres, professeur d'histoire au collége Rollin ; le comte Mortier, pair de France, ambassadeur en Suisse.

Depuis sa fondation, la Société a perdu quinze membres résidants : Talma et Duchesnois ; Desbordes, peintre ; les généraux Vandamme, Durutte, Scalfort et Warenghien ; Gosselin, géographe, membre de l'Institut ; Wicart, peintre d'histoire ; Masclet, consul général de France en Écosse ; le maréchal Mortier, duc de Trévise ; le comte Merlin, ancien procureur général à la Cour de Cassation, membre de l'Institut ; le lieutenant général comte Guilleminot ; Hilaire-Ledru et Redouté, peintres.

La Société compte pour membres correspondants : à Lille, M. le docteur Leglay, archiviste général du département du Nord, MM. Victor Derode, Duhamel, Leleux, hommes de lettres, Delezenne, mathématicien, Macquart, naturaliste, Scrive, négociant, ingénieur-mécanicien ; à Avesnes, M. le président Lebeau, de la Société royale des Antiquaires de France ; à Cambrai, M. Fidèle Delcroix, homme de lettres ; à Douai, MM. Duthillœul, bibliothécaire de la ville, le docteur Lescalier, Luce, compositeur de musique, le baron Maloteau de Guerne ; à Cassel, M. Alexis Bafcob, artiste-peintre ; à Valenciennes, MM. le docteur Charpentier, Arthur Dinaux, président de la Société des Arts, de Valenciennes, Dubois, avocat, Édouard Grar, rédacteur de la *Flandre Agricole*, Aimé Leroy, bibliothécaire, rédacteur des *Archives du Nord*.